Genossenschaftliche Zeit- und Streitfragen.
Begründet von
Ludwig Parisius und Dr. Hans Crüger,
fortgeführt von
Dr. Hans Crüger.

Heft 13. Heft 13.

Das Steuer- und Stempelrecht der gemeinnützigen Baugenossenschaften in Reich, Staat, Gemeinde und Kirche.

Von

Dr. jur. K. Lade,
stellvertretender Vorsitzender der Einkommensteuerveranlagungskommission
für den Stadtkreis Charlottenburg.

Berlin 1916.
J. Guttentag, Verlagsbuchhandlung,
G. m. b. H.

Vortrag auf dem 1. Kursus für praktische Bauvereinstätigkeit, veranstaltet von dem Westfälischen Verein zur Förderung des Kleinwohnungswesens zu Dortmund, am 2.—5. Juni 1914.

Inhalt.

Steuerrecht.

Reichssteuern.

Preußische Staatssteuern.

Preußische Gemeindesteuern.

Kirchensteuer.

Stempelrecht.

Reichsstempelgesetz.

Preußisches Stempelsteuergesetz.

M. H.! Über Steuer- und Stempelrecht zu sprechen, ist eine undankbare Aufgabe. Denn derartige Ausführungen sind in diesem Kreise nur dann von Wert, wenn sie sich nicht auf großzügige Darlegungen beschränken, sondern nur dann, wenn sie auch Einzelfragen möglichst erschöpfend behandeln, über welche im praktischen Leben viel mehr als über die grundsätzlichen Gesichtspunkte Unkenntnis oder Unklarheit besteht. Das Eingehen auf die Einzelvorschriften wirkt leicht ermüdend und dieses um so mehr, als drei verschiedene Körperschaften, nämlich das Reich, die Bundesstaaten sowie die Gemeinden gesonderte Besteuerungsrechte besitzen, und Stempelabgaben vom Reiche und den Bundesstaaten nebeneinander erhoben werden. Gerade für einen Baugenossenschaftler ist aber eine genaue Kenntnis der Stempel- und Steuergesetze besonders wichtig, da diese vielfach Befreiungsvorschriften für gemeinnützige Bauvereine enthalten. Deren Vorteile können die Baugenossenschaften nur dann voll ausnützen, und sich im übrigen vor stempel- und steuerrechtlichen Unannehmlichkeiten nur dann schützen, wenn ihre Vertreter sich eingehend mit den einschlägigen Fragen befassen.

Anmerkung. Dem Vortrag ist bei seiner Drucklegung die genauere Bezeichnung grundlegender Ministerialerlasse und höchstrichterlichen Entscheidungen in Anmerkungen beigefügt. Die dabei benützten Abkürzungen bedeuten:

BlfGW. = Blätter für Genossenschaftswesen,
MBl. d. J. = Preußisches Ministerialblatt für die gesamte innere Verwaltung,
OVG. = Oberverwaltungsgericht,
OVG.i.St. = Entscheidungen des Oberverwaltungsgerichts in Staatssteuersachen,
PrVBl. = Preußisches Verwaltungsblatt,
RG. i. Z. = Entscheidungen des Reichsgerichts in Zivilsachen,
Westf Wbl. = Westfälisches Wohnungsblatt.

Wenden wir uns zunächst zu der

Steuergesetzgebung

soweit diese für gemeinnützige Baugenossenschaften in Betracht kommt. Den geringsten Raum nehmen die

Reichssteuern

ein. Für Ihre Baugenossenschaften ist eigentlich nur die Reichserbschaftssteuer von Bedeutung. Diese wird nach dem Reichsgesetz vom 3. Juni 1906 von allen Erbschaften, Vermächtnissen und sonstigen letzwilligen Zuwendungen erhoben, welche Ihrer Genossenschaft zufallen (§ 1). Der gleichen Steuerpflicht unterliegen aber auch, was ich besonders betonen möchte, da dies vielfach übersehen wird, Schenkungen, die Ihnen von Lebenden gemacht werden (§ 56). Als Steuer wird ein bestimmter Prozentsatz von dem Werte der Erbschaft oder der Schenkung erhoben. Während aber regelmäßig bei Genossenschaften dieser Betrag sich auf 10 von Hundert und mehr beläuft, ist für Gesellschaften, die einen gemeinnützigen Zweck verfolgen und die Rechte juristischer Persönlichkeiten besitzen, also auch für eingetragene gemeinnützige Baugenossenschaften ein viel niedrigerer Steuersatz vorgesehen. Dieser beträgt nur 5 vom Hundert. Außerdem sind Erbschaften und Schenkungen an solche Baugenossenschaften überhaupt von der Steuer befreit, wenn der Wert dieser Zuwendung nicht den Betrag von 5000 M. übersteigt (§ 12). Zu zahlen ist die Steuer von Ihrer Genossenschaft. Darum verlangt das Gesetz, daß diese bzw. der Vorstand den Anfall einer Schenkung oder Erbschaft dem Erbschaftssteueramte innerhalb dreier Monate nach Kenntniserlangung schriftlich anzeigt (§§ 36, 56). Die Anmeldepflicht fällt aber dann fort, wenn die Schenkung auf einer gerichtlichen oder notariellen Urkunde beruht oder wenn der Anfall einer Erbschaft usw. aus einer letztwilligen Verfügung herrührt, welche vor Gericht oder einem Notar eröffnet worden ist (§§ 36, 56). Da beides meist der Fall sein wird, so brauchen Sie praktisch wohl nur selten eine Zuwendung anzumelden. Dagegen sind Sie stets verpflichtet, dem Erbschaftssteueramte auf Verlangen jede Auskunft zu geben und jede Urkunde vorzulegen, deren es zur genauen Wertermittelung der Schenkung usw. bedarf (Erbschaftssteuererklärung § 37).

Wird der Anmelde- oder Erklärungspflicht nicht nachgekommen, so können gegen die säumigen Vorstandsmitglieder Geldstrafen bis zum vierfachen Betrage der Steuer verhängt werden (§ 49).

Viel wichtiger ist die Wertzuwachssteuer für die Baugenossenschaften. Sie betrifft die Besteuerung der Wertsteigerung, welche ein Grundstück ohne Zutun des Eigentümers während dessen Besitzzeit vom Erwerbe bis zur Veräußerung erfährt. Somit bedeutet diese Steuer einen Versuch, die bodenreformerischen Maßnahmen und Pläne teilweise in die Praxis überzuführen. Nach dem Zuwachssteuergesetz, das unter dem 14. Februar 1911 mit Wirkung vom 1. April 1911 ins Leben getreten ist, sollten sich Reich, Staat und Gemeinde in seine Erträgnisse teilen. Aber schon heute ist hierin eine Änderung durch die Reichsgesetze vom 3. Juli 1913 eingetreten, welche die Deckung der neuen Verstärkung unseres Heeres bezwecken. Das Reich hat dort auf die Erhebung seines Anteils an der Zuwachssteuer verzichtet. Insofern kann man also die Zuwachssteuer heute nicht mehr eine Reichssteuer nennen. Trotzdem beruht sie aber weiter auf Reichsgesetz. Der Anteil von Staat und Gemeinde wird auch fernerhin nach diesem erhoben. Daher behandele ich diese Steuer unter den Reichssteuern, weil eben das Grundgesetz ein Reichsgesetz ist.

Die Wertzuwachssteuerordnung enthält nun eine Befreiungsvorschrift, welche für unsere Baugenossenschaften von der allergrößten Bedeutung ist und deren Einzelheiten darum wichtig sind, weil der Reichsgesetzgeber sich auf einen ziemlich formalistischen Standpunkt gestellt hat. Nach § 30 Ziff. 4 sind von der Zuwachssteuer befreit „Vereinigungen, welche, ohne Erwerbszwecken zu dienen, satzungsgemäß sich mit Errichtung von Wohnungen für die minderbemittelten Klassen befassen, falls sie den zur Verteilung gelangenden Reingewinn auf eine höchstens vierprozentige (ausnahmsweise fünfprozentige) Verzinsung der Kapitaleinlagen beschränken, den Mitgliedern, Geschäftsführern oder sonstigen Beteiligten auch nicht in anderer Form besondere Vorteile gewähren, bei Auslosung, Austritt eines Mitgliedes oder für den Fall der Auflösung nicht mehr als den Nennwert ihrer Anteile zusichern und bei der Auflösung den etwaigen Rest ihres Vermögens für die vorbezeichneten Zwecke bestimmen“.

Wir wollen nun näher auf die einzelnen Befreiungsvoraussetzungen eingehen. Die Baugenossenschaft darf keinen Erwerbszwecken dienen. Solchen dient sie nur, wenn sie bewußt und gewollt in fortgesetzter Tätigkeit eine Arbeit entfaltet, die auf die Erlangung von finanziellen Vorteilen gerichtet ist. Diese gewerbliche Tätigkeit liegt nun nicht schon dann vor, wenn etwa eine Baugenossenschaft Läden und Schanklokale in ihren Kolonien einrichtet und vermietet. Denn, wie die oberste Rechtsprechung[1]) ausgeführt hat, ist in einem derartigen Vermieten von Läden und Schanklokalen ein Erwerbszweck so lange nicht zu erblicken, als entweder das Vermieten nur erfolgt, um die Häuser im allgemeinen rentabler zu machen, durch die höhere Ladenmiete Mittel zu gewinnen, um auf der anderen Seite den Genossen das Wohnen zu verbilligen oder um gelegentlichen wirtschaftlichen Bedürfnissen ihrer Mitglieder zu dienen. Bei einer Kolonie, die weit ab liegt vom Verkehr und keine Straßenbahn usw.-Verbindungen hat, ist es selbstverständlich notwendig, daß Läden und Gasträume vorhanden sind.

Insoweit tatsächlich diese Vermietung Hilfszweck ist und nicht satzungsmäßiger Selbstzweck, kann in einem derartigen Geschäftsgebahren die Verfolgung von Erwerbszwecken nicht gesehen werden. Das, was ich eben vom Vermieten an Nichtmitglieder ausgeführt habe, gilt auch von der Annahme von Spareinlagen[2]). Wenn die Baugenossenschaft das also nur tut, um sich hinreichende Mittel für ihren Baugenossenschaftsbetrieb zu sichern, dann wird eine derartige Sparkassentätigkeit nicht als ein gewerblicher Betrieb aufgefaßt werden können, der zur Steuerpflicht führt. Weiter ist Voraussetzung für die Steuerfreiheit, daß die Genossenschaft sich mit dem Errichten von Wohnungen für minderbemittelte Klassen befassen, ähnlich wie das für die preußische Stempelbefreiung nötig ist. Die Frage, was unter minderbemittelten Klassen zu verstehen ist, wurde längere Zeit in Preußen und im Reiche verschieden beantwortet. Die preußische Verwaltungsbehörde ließ hinsichtlich der Baudarlehen an Genossenschaften neben Arbeitern als Minderbemittelte die unteren und mittleren Beamten sowie die ihnen wirtschaftlich gleichstehenden Bevölkerungskreise gelten, während die Reichsbehörde den Kreis der minderbemittelten Beamten durch die Oberassistenten nach oben hin

[1]) OVG. i. St. Bd. 3, S. 234, 285; Bd. 4, S. 368.

[2]) OVG. i. St. Bd. 11, S. 396. OVG. i. PrVBl. Jahrg. 26, S. 217.

begrenzt sah, also die Sekretäre ausschloß. Für die Baugenossenschaften konnten daher Zweifel über ihre Mitgliedsschaftsgestaltung entstehen. Jetzt ist erfreulicherweise dieser Zwiespalt durch eine Vereinbarung zwischen dem Reich und Preußen beseitigt worden[1]). Danach wird das Flächenmaß der Bauvereinswohnungen der Beurteilung der Frage zugrunde gelegt, ob es sich um Wohnungserrichtung für Minderbemittelte handelt oder nicht. Beträgt die Nutzfläche der von einer Genossenschaft hergestellten Wohnungen einschließlich Küche aber ohne sonstige Nebenräume nicht über 90—100 qm, bei Eckhäusern nicht über 110 qm, so gelten diese Wohnungen als Kleinwohnungen und mithin die Tätigkeit der Genossenschaft als eine solche für minderbemittelte Klassen. Diese Bestimmungen sind natürlich nicht so auszulegen, daß vereinzelte Überschreitungen der angegebenen Flächenmaße die Steuerfreiheit einer Genossenschaft aufheben. Soweit es z. B. das Interesse der minderbemittelten Genossenschaftsmitglieder erfordert, das in ihrer Kolonie Raum für Ärzte, Apotheker usw. geschaffen wird, kann die Herrichtung größerer Wohnungen zu diesem Zwecke sie nicht steuerpflichtig machen. Allerdings darf das nicht zur Regel werden und keinen gewerbsmäßigen Charakter annehmen.

Als fernere Voraussetzung für die Steuerfreiheit sind ausdrückliche Satzungsvorschriften erforderlich, wonach von dem Reingewinn der Genossenschaft an die Mitglieder höchstens 4 % ihres Geschäftsguthabens zu verteilen bzw. gutzuschreiben sind, sowie bei Auflösung der Genossenschaft oder bei Austritt deren Mitglieder nur den Nennwert ihrer Anteile erhalten dürfen und der etwaige Vermögensrest für die von einer gemeinnützigen Baugenossenschaft verfolgten Zwecke zu verwenden ist. Ausnahmsweise, d. h. wenn es die Landeszentralbehörde genehmigt, darf auch eine Dividendenverteilung von höchstens 5 % der Geschäftsguthaben in der Satzung zugelassen werden. In letzterem Falle würde aber, wie wir später sehen werden, eine solche Genossenschaft ihre preußische Stempelfreiheit verlieren.

Zu Zweifeln gibt die weitere Bestimmung Anlaß, daß den Mitgliedern der Genossenschaft, also auch den Vorstands- und Aufsichtsratsmitgliedern, auch nicht in anderer Form als in der

[1]) Min.-Erl. vom 14. Juli 1913, abgedr. im Westf. Wbl. 1913, Heft 11, S. 276 f.

zugelassenen Gewinnbeteiligung besondere Vorteile gewährt werden dürfen. Man hat im Anfang gefürchtet, daß Baugenossenschaften, welche ihren Vorstandsmitgliedern usw. eine Besoldung geben, sofort zuwachssteuerpflichtig seien. Dies trifft nicht zu. Wie das Reichsschatzamt[1]) ausdrücklich in seinen Erläuterungen des Zuwachssteuergesetzes sagt, kann ein angemessenes Entgelt an Vorstands- und Aufsichtsratsmitglieder für deren Tätigkeit im Dienste der Genossenschaft nicht als Gewährung besonderen Vorteils angesehen werden. Der Gesetzgeber wollte nicht etwa ehrenamtliche Vorstandsmitglieder zur Bedingung für die Steuerfreiheit machen, sondern nur eine Umgehung der gesetzlichen Vorschriften über die Gewinnverteilung verhüten. Sie können also ruhig, ohne die Steuerfreiheit zu verlieren, Ihren Vorstandsmitgliedern eine Vergütung geben, wenn diese im normalen Rahmen bleibt.

Einflußlos auf die Steuerfreiheit einer gemeinnützigen Baugenossenschaft ist es auch, wenn diese nur Katholiken oder Prostetanten oder nur bestimmte Bevölkerungsklassen (Beamte usw.) als Mitglieder aufnimmt. Ich erwähne das nur, weil tatsächlich einmal der Versuch gemacht worden ist, wegen einer konfessionellen Mitgliedschaftsbeschränkung einer Genossenschaft die Steuerfreiheit zu versagen, und das Finanzministerium[2]) sich mit der Frage beschäftigen mußte.

Genossenschaften, welche die Steuerfreiheit beanspruchen wollen, müssen in ihre Satzung Bestimmungen aufnehmen, die den sämtlichen besprochenen Befreiungsvoraussetzungen wenn nicht wörtlich so doch sinngemäß entsprechen. Das allein genügt aber nicht, daß Sie alle diese Bestimmungen in Ihrer Satzung zu stehen haben, Sie müssen vielmehr auch nach diesen handeln. Darin unterscheidet sich das Zuwachssteuergesetz von den Befreiungsvorschriften des preußischen Stempelsteuergesetzes. Nach letzterem ist alleinige Voraussetzung[3]) für die Stempelbefreiung, daß die Satzungen einer Baugenossenschaft diejenigen Vorschriften enthält, welche sie zu einer gemeinnützigen machen. Wenn das Geschäftsgebahren einer solchen Genossenschaft der gemeinnützigen Satzung widerstreitet, also z. B. Erwerbszwecke verfolgt, besteht zunächst noch in Preußen für diese Stempelbefreiung. Höchstens würde dann eine solche Genossenschaft

[1]) Amtliche Mitteilungen über die Zuwachssteuer, Jahrgang I, Heft 2.

[2]) Finananzministerialerlaß vom 3. Juli 1899 III 8580.

[3]) OVG. i. PrVBl. Jahrgang 34, S. 318.

unter Umständen im Aufsichtswege zur Änderung der Satzung gezwungen werden können. Bei der Zuwachssteuer hat sich aber, wie gesagt die Zentralbehörde eine tatsächliche Nachprüfung des genossenschaftlichen Geschäftsbetriebs vorbehalten. Bei Inanspruchnahme der Befreiung von der Wertzuwachssteuer muß also nachgewiesen werden, daß die Baugenossenschaft sich nun auch tatsächlich gemeinnützig betätigt. Infolgedessen tritt die Befreiung nicht von selbst ein, sondern sie muß in jedem einzelnen Falle nachgesucht werden. Das geschieht, indem Sie die an sich steuerpflichtigen Verträge unter Beifügung Ihrer Satzung und eines Befreiungsantrags an die Oberzolldirektion Ihres Bezirks einsenden. Diese gibt den Antrag weiter an die Zentralbehörde, und zwar jetzt nicht mehr an die des Reichs, weil diese Steuer ja nicht mehr vom Reich erhoben wird, sondern nur noch an die Landeszentralbehörde. In Preußen ist diese Instanz das Ministerium des Innern.

Betonen möchte ich hier noch, daß die Befreiungsvorschrift des Zuwachssteuergesetzes sich nur auf die Steuerpflicht selbst bezieht, d. h. daß eine gemeinnützige Baugenossenschaft, wenn sie ein Grundstück verkauft, nicht zu der Zuwachssteuer herangezogen werden kann. Von ihrer gesetzlichen Haftpflicht als Grundstückserwerber (§ 29) sind dagegen auch diese Genossenschaften nicht befreit. Wenn die daher Grundstücke erwerben und der Veräußerer die von ihm zu entrichtende Zuwachssteuer nicht zahlt, so kann die Genossenschaft bis zu 2 v. H. ihres Kaufpreises zur Deckung der fälligen Steuer herangezogen werden.

Damit hätten wir den Kreis der Reichssteuern erschöpft.

Wir kommen nun zu den

Preußischen Staatssteuern

und zwar zunächst zu der Einkommensteuer.

Nach dem Einkommensteuergesetz in der Fassung vom 19. Juni 1906 sind Genossenschaften nur dann einkommensteuerpflichtig, wenn ihr Geschäftsbetrieb über den Kreis der Mitglieder hinausgeht (§ 1 Ziff. 4). Damit erhebt sich die Frage, was unter dem Hinausgehen über den Mitgliederkreis zu verstehen ist. Jede Baugenossenschaft tritt natürlich in weitem Umfange mit Nichtmitgliedern in Geschäftsverbindung. Von solchen erwirbt sie Baugelände, läßt sie ihre

Häuser herstellen, nimmt Gelder von Nichtmitgliedern auf usw. Durch derartige Geschäfte verwirkt eine Baugenossenschaft ihre Steuerfreiheit nun nicht. Im steuertechnischen Sinne liegt ein Hinausgehen des Geschäftsbetriebes über den Mitgliederkreis nur dann vor, wenn die Genossenschaft Nichtmitglieder an den Zwecken teilnehmen läßt, zu deren Erreichung sie satzungsgemäß bestimmt ist, also wenn eine Baugenossenschaft auch für Nichtmitglieder Wohnungen herstellt, ihre Häuser an Nichtmitglieder vermietet oder verkauft.

Aber in dieser Beziehung gilt auch hier alles das, was ich bei der Zuwachssteuer über die Vermietung an Nichtmitglieder, von der Errichtung von Geschäftslokalen und von der Einführung des Sparverkehrs gesagt habe.

Solange ein derartiger Geschäftsverkehr, welcher an sich ja in dem satzungsgemäßen Geschäftsbereich der Genossenschaft fällt, mit Nichtmitgliedern nicht Selbstzweck darstellt, sondern nur zur Förderung des genossenschaftlichen Hauptzweckes stattfindet, solange macht er die Genossenschaft nicht einkommensteuerpflichtig. Erfolgt also das Vermieten von Schanklokalen und Läden an Nichtmitglieder deshalb, weil die daraus erzielten verhältnismäßig hohen Mieten der Genossenschaft ermöglichen sollen, ihren Mitgliedern die Wohnungen billiger abgeben zu können, oder will die Vermietung solcher Lokalitäten den Mitgliedern die Befriedigung ihrer wirtschaftlichen Bedürfnisse erleichtern und die Wohnung damit annehmbarer und ihrer Stellung entsprechend machen, so hebt dies die Steuerfreiheit nicht auf[1]). Das Gleiche gilt von dem Sparverkehr mit Nichtmitglieder, wenn dieser die Mittel zur Wohnungserrichtung für Mitglieder herbeischaffen oder vermehren soll. Endlich kann auch das Vermieten leerstehender Wohnungen an Nichtmitglieder nicht steuerpflichtig machen, wenn diese sonst keine Abnehmer finden und Mietausfälle im Interesse der Mitglieder vermietet werden sollen. Wird dagegen eines der angeführten Geschäfte mit Nichtmitgliedern dauernd gemacht, ohne Hilfszweck für die genossenschaftlichen Mitgliederinteressen zu sein, so wird dadurch die Genossenschaft steuerpflichtig.

Maßgebend für die Frage, ob eine Genossenschaft steuerpflichtig ist oder nicht, ist die Art des Geschäftsbetriebes in demjenigen Zeitpunkte, von welchem ab die Besteuerung erfolgen soll, also in der

[1]) OVG. i. St. Bd. 15, S. 309.

Regel der 1. April, d. h. der Beginn des Steuerjahres. Nehmen wir an, Sie hätten im Rechnungsjahre 1912 tatsächlich Geschäfte vorgenommen, welche Sie steuerpflichtig machen, dann würde die Genossenschaft, wenn sie den steuerpflichtigen Geschäftsbetrieb am 1. April 1913 aufgiebt, für das Steuerjahr 1913 nicht zur Einkommensteuer herangezogen werden können.

Nun kommen Fragen mehr formeller Natur, die häufig zu Zweifeln Anlaß geben. Wem liegt die Beweislast ob, wenn die Steuerbehörde sich auf den Standpunkt stellt, daß eine Baugenossenschaft einkommensteuerpflichtig sei, die Genossenschaft dies aber bestreitet? Nach dauernder Rechtsprechung[1]) hat nicht etwa die Genossenschaft zu beweisen, daß sie steuerfrei ist, sondern es liegt umgekehrt der Behörde ob, nachzuweisen, daß auf Grund irgendwelcher Tatsachen die Genossenschaft steuerpflichtig ist. Wenn an Sie daher von der Steuerbehörde aus die Aufforderung ergeht, Ihre Steuerfreiheit darzulegen, so können Sie ruhig zurückschreiben, daß Sie dieser Aufforderung nicht nachzukommen brauchten, weil Ihr Geschäftsbetrieb nicht über den Kreis der Mitglieder hinausgehe und Sie somit keine Pflicht hätten, sich über Ihre Steuerverhältnisse zu äußern. Sollte in einem solchen Falle etwa die Steuerbehörde die Vorlage Ihrer Geschäftsbücher verlangen, um festzustellen, ob sich tatsächlich Ihr Geschäftsverkehr auf den Mitgliederkreis beschränke, so brauchen Sie diesem Ersuchen ebenfalls nicht stattzugeben. Die Steuerbehörde kann die Büchervorlage weder von einem einzelnen Steuerpflichtigen noch auch von einer Genossenschaft erzwingen. Die Verweigerung hat auch keinen Rechtsnachteil für Sie zur Folge. Sie macht Ihnen auch nicht einen etwaigen Beweis Ihrer Steuerfreiheit durch Vorlage Ihrer Bücher in der Berufungsinstanz unmöglich. Trotzdem habe ich in derartigen Fällen den Baugenossenschaften immer geraten, unter Bestreiten ihrer Beweispflicht ruhig ihre Unterlagen, Geschäftsbücher, Satzungen und letzten Jahresabschlüsse der Steuerbehörde vorzulegen. Ein solches Verhalten erleichtert einer steuerfreien Genossenschaft oft die Sache und beugt einer Steuerveranlagung vor, die dann zu der umständlichen Einlegung eines Rechtsmittels führen würde. Auch könnten sonst die Vorstandsmitglieder als Zeugen von der Veranlagungskommission

---

[1]) OVG. i. St. Bd. 2, S. 372; Bd. 14, S. 304.

vorgeladen werden. Ebensowenig wie Sie verpflichtet sind, Ihre Steuerfreiheit zu beweisen, ebensowenig brauchen Sie einer besonderen Aufforderung zur Abgabe einer Steuererklärung zu entsprechen. Das Gesetz sieht in § 40 eine solche Aufforderung vor. Wird sie innerhalb der gesetzlich vorgeschriebenen Frist nicht befolgt, werden 5 %, und wenn auch einer wiederholten Aufforderung nicht nachgekommen wird, 25 % des Steuersatzes als Strafzuschlag fällig. Da die Genossenschaften als solche nicht steuerpflichtig sind, sondern nur bei einem Geschäftsverkehr mit Nichtmitgliedern, kann ihnen daher der Strafzuschlag wegen Nichtabgabe einer Steuerklärung nach Gesetz und Rechtsprechung[1]) nicht abverlangt werden, wenn ihr Geschäftsbetrieb sich tatsächlich auf den Mitgliederkreis beschränkt. War allerdings die Genossenschaft steuerpflichtig, dann muß sie neben der Steuer auch die Strafzuschläge zahlen, wenn sie die eingeforderte Steuererklärung nicht oder nicht rechtzeitig abgegeben hat.

Gibt eine Genossenschaft eine Steuererklärung ab, welche wissentlich unrichtig oder unvollständig ist und sind diese Angaben geignet, zur Verkürzung der Steuer zu führen, so treten erhebliche Geldstrafen ein (§ 72). Diese Strafe würde den Vorstand treffen (§§ 72, 30).

Soviel von der Einkommensteuer.

Über die Ergänzungssteuer, auch Vermögenssteuer genannt (Gesetz vom 14. Juli 1893), können wir schnell hinweggehen. Sie trifft nur physische, d. h. natürliche Personen (§ 1). Für sie kommen die Genossenschaften als juristische Rechtsgebilde also nicht in Frage.

Von größerer Bedeutung ist dagegen die Gewerbesteuer. Das Gewerbesteuergesetz vom 24. Juni 1891 enthält in § 5 eine Bestimmung, in der es heißt, daß Genossenschaften von der Steuer befreit sind, wenn sie nur für ihre eigenen Mitglieder die Bedürfnisse an Geld, Lebensmitteln und anderen Gegenständen zu beschaffen bezwecken und keinen Gewinn verteilen. Früher wurde geglaubt, daß dieser Paragraph auch für Baugenossenschaften in Betracht komme. Es ist aber jetzt wiederholt entschieden worden[2]), daß dieser § 5 in keiner Weise auf die Baugenossenschaften Anwendung finden kann, denn diese seien doch keine Genossenschaften, welche Geld,

[1]) OVG. i. St. Bd. 1, S. 262; Bd. 2, S. 395.

[2]) OVG. i. St. Bd. 4, S. 363.

Lebensmittel oder andere Gegenstände zu beschaffen bezwecken. Sollten sich dennoch Gewerbesteuerausschüsse finden, die Sie unter Berufung auf § 5 zur Gewerbesteuer heranziehen wollen, so antworten Sie, daß sich Ihre Gewerbesteuerpflicht nicht nach § 5, sondern nach den allgemeinen Voraussetzungen des Gewerbesteuergesetzes regele. Nach diesen ist unter einem steuerpflichtigen Gewerbebetrieb eine mit Absicht auf Gewinnerzielung unternommene, selbständige berufsmäßige erlaubte Arbeitstätigkeit zu verstehen, die sich als Beteiligung am allgemeinen Wirtschaftsverkehre darstellt. Hiernach erscheinen Baugenossenschaften als Gewerbebetrieb nur dann, wenn sich ihre Geschäftstätigkeit durch Hinzutreten besonderer den Gewerbebegriff erfüllender Merkmale (z. B. Immobilienhandel) als Gewerbebetrieb kennzeichnet. In dieser Beziehung hat die oberste Rechtsprechung wiederholt entschieden[1]), daß ein Vermieten eigener Häuser an Mitglieder und unter Umständen auch an Nichtmitglieder lediglich eine Nutzungsform der Grundstücke darstelle, nicht aber eine gewerbliche Tätigkeit, auch dann nicht einmal, wenn Spareinlagen durch die Genossenschaft angenommen werden[2]), solange das eine nebensächliche, dem Hauptzwecke dienende Tatsache bildet. Stellt demnach das Vermieten von Wohnungen besonders an Mitglieder keinen Gewerbebetrieb dar, so hat aus diesem Grunde auch keine Heranziehung der Baugenossenschaften zur Gewerbesteuer zu erfolgen. Etwas anderes ist es allerdings, wenn eine Baugenossenschaft neben ihrer eigentlichen Tätigkeit einen gewerblichen Geschäftsbetrieb entfaltet, also z. B. fortdauernd Grundstücksgeschäfte macht oder eine Schankwirtschaft betreibt. In letzterem Falle käme allerdings zunächst auch wieder in Frage, ob die Schankwirtschaft in der früher ausgeführten Weise dem Hauptzwecke zu dienen bestimmt ist. Trifft dies nicht zu, so würde die Genossenschaft gewerbesteuerpflichtig sein. Dann müßte sie auch nicht nur aus den Erträgnissen des Schankwirtschaftsbetriebes Gewerbesteuer zahlen, sondern dann würde der ganze Gewinn, den der Jahresabschluß ausweist, zur Gewerbesteuer herangezogen werden[3]). In dieser Richtung ist also besondere Vorsicht geboten; die Grenzen der Steuerfreiheit

---

[1]) OVG. i. St. Bd. 3, S. 234, 285; Bd. 4, S. 368.

[2]) OVG. i. St. Bd. 11, S. 396.

[3]) OVG. i. St. Bd. 3, S. 382.

können da leicht überschritten werden. Entscheidend für Ihre Gewerbesteuerpflicht ist, wie bei der Einkommensteuer, der Beginn des Steuerjahres, also der 1. April. Geben Sie einen steuerpflichtigen Gewerbebetrieb mit dem 1. April endgültig auf, so fällt für das neu beginnende Steuerjahr Ihre Gewerbesteuerpflicht fort.

Zu einer Büchervorlage zwecks Feststellung Ihrer etwaigen Steuerpflicht sind Sie nicht gezwungen. Diese stellt das Gesetz in den freien Willen der Beteiligten (§ 27). Daneben enthält das Gewerbesteuergesetz eine Vorschrift (§ 28), nach der u. a. auch Genossenschaften alljährlich dem Regierungspräsidenten ihre Jahresabschlüsse und Geschäftsberichte einzureichen haben. Aber das gilt auch nur wieder für eine Genossenschaft, die ein Gewerbe betreibt. Tut sie das nicht, braucht sie ihre Jahresabschlüsse nicht einzureichen.

Weitere Staatssteuern kommen für gemeinnützige Baugenossenschaften nicht in Betracht. Es verbleiben daher neben der Kirchensteuer nur noch die

preußischen Gemeindesteuern

zu erörtern. Nach dem Kommunalabgabengesetz vom 14. Juli 1893 können die Gemeinden Einkommensteuer, Gewerbesteuer, Grund- und Gebäudesteuer sowie Umsatzsteuer erheben, also ein ganz nettes Sträußchen von Abgaben.

Von der Gemeindeeinkommensteuer, welche bekanntlich in Zuschlägen zu der Staatseinkommensteuer erhoben wird, sind die Baugenossenschaften unter ganz den gleichen Voraussetzungen befreit, welche ich für die Befreiung von der Staatseinkommensteuer eingehend besprochen habe (§ 33 Ziff. 3). Ebenso darf die Gemeinde nur solche Baugenossenschaften zu ihrer Gewerbesteuer heranziehen, die auch der staatlichen Gewerbesteuer unterliegen (§ 28). Infolgedessen kann man sagen, wer die Befreiungsvorschriften des Staatseinkommensteuergesetzes und des Gewerbesteuergesetzes erfüllt, der ist auch von selbst frei von der Gemeindeeinkommensteuer und von der Gemeindegewerbesteuer. Allerdings hat die Gemeinde das Recht, auch ihrerseits selbständig die Steuervoraussetzungen zu prüfen[1]). Sie braucht sich nicht etwa damit zufrieden zu geben, daß der Staat die Genossenschaft frei läßt, sondern die Gemeinde kann selbständig sagen,

---

[1]) Entsch. d. OVG. im PrVBl. Jahrg. 15, S. 109; 16 S. 283. Bl. f. GW. 1915 S. 134.

daß sie die Baugenossenschaft für steuerpflichtig hält. Dann bleibt der Genossenschaft nur der Rechtsweg offen.

Wichtiger ist die Grund- und Gebäudesteuer. Sie wissen, daß diese früher, ebenso wie die Gewerbesteuer, eine preußische Staatssteuer war. Bei der Miquelschen Finanzreform in den 1890er Jahren ist die Grund- und Gebäudesteuer, obwohl sie auch weiter vom Staate veranlagt wird, den Gemeinden zur Erhebung überwiesen worden. Grundsätzlich ist also das alte Grund- und Gebäudesteuergesetz maßgebend. Dieses enthält keinerlei Befreiungsvorschriften für Baugenossenschaften. Soweit die Gemeinden tatsächlich heute noch auf Grund dieser staatlichen Veranlagung die Grund- und Gebäudesteuer erheben, ist für Baugenossenschaften keinerlei Befreiung möglich. Dagegen hat der Minister, als eine große Anzahl von Gemeinden dazu überging, die Steuer nach dem gemeinen Werte einzuführen, den Gemeinden empfohlen[1]) und auch in seinem Musterformular darauf Rücksicht genommen, in ihre Steuerordnungen eine Bestimmung aufzunehmen, daß gemeinnützige Baugenossenschaften nur mit $^1/_2$ oder $^3/_4$ des regelmäßigen Steuersatzes zur Steuer nach dem gemeinen Werte heranzuziehen seien. Soweit meine Kenntnis reicht, haben allerdings sehr viele Gemeinden von dieser Befreiungsvorschrift keinen Gebrauch gemacht. Ich weiß nicht, wie es hier im Westen liegt, aber in anderen Landesteilen ist eine Ausnahmebestimmung für gemeinnützige Baugenossenschaften kaum zu finden. Dort müssen also Grundsteuern bezahlt werden, da ist nichts daran zu ändern.

Die Umsatzsteuer wird bekanntlich erhoben bei Verkauf oder Auflassung eines Grundstücks. Von der Gemeindeumsatzsteuer werden die Baugenossenschaften wohl ziemlich restlos befreit sein, denn nach einem Ministerialerlaß[2]) sollen Gemeindeumsatzsteuerverordnungen nur dann genehmigt werden, wenn dieselben die Befreiungsvorschrift des preußischen Stempelsteuergesetzes enthalten. Diese Befreiungsvorschriften würden alle diejenigen Baugenossenschaften treffen, die nach dem preußischen Stempelsteuergesetz stempelfrei sind. Danach müssen sie von der Umsatzsteuer vollständig befreit sein. Allerdings hat der Minister die Aufnahme jener Befreiungsvorschrift als Grund-

[1]) Allg. Verf. vom 20. Oktober 1899 MBl. d. J. 1899, S. 160.

[2]) Erlaß vom 9. Februar 1895 MBl. d. J. 1895, S. 112.

satz hingestellt und sich vorbehalten, in geeigneten Fällen Ausnahmen zuzulassen[1]).

Nun komme ich zu einer besonderen Steuer, zur Schulsteuer, die als solche heute nicht mehr gilt. Früher waren nach dem allgemeinen preußischen Landrecht zur Unterhaltung der Schulen die Hausvorstände verpflichtet. Jetzt aber haben nach dem neuen Volksschulunterhaltungsgesetz vom 28. Juli 1906 die Gemeinden die Schullasten zu tragen. Es ist darum unzulässig, heute eine besondere Schulsteuer zu erheben, sondern die Schulunterhaltungskosten sind aus den allgemeinen Gemeindesteuern zu bestreiten. Durch § 32 des Schulunterhaltungsgesetzes sind aber auf besonderen Rechtstiteln beruhende Verpflichtungen Dritter zu Schulunterhaltungsbeiträgen aufrecht erhalten worden. So gibt es einige Gegenden in Preußen, wo unter der Herrschaft des Allgemeinen Landrechts sogenannte Schulrezesse (Auseinandersetzungsrezesse, Matrikeln) bestehen, nach denen bestimmte Personen oder Personenkreise zu gewissen Schulabgaben verpflichtet sind. Derartige Rezesse haben zuweilen auch dinglichen Charakter angenommen. Wenn eine Baugenossenschaft daher in dem Besitz eines Grundstücks kommt, das mit einem derartigen Rezeß dinglich belastet ist, muß die Genossenschaft die betreffende Schulsteuer auch heute noch zahlen. Der Fall ist wohl sehr selten, er ist aber in der Praxis schon vorgekommen.

Ganz ähnlich wie mit der Schulsteuer liegt es auch mit der

Kirchensteuer

der staatlich priviligierten Religionsgesellschaften.

Zuletzt ist deren gesamte Kirchensteuergesetzgebung im Jahre 1905 geregelt worden. Sie entspricht unserer konfessionellen Zersplitterung. Es waren nicht weniger wie zwei Staatsgesetze und fünf Kirchensteuergesetze nötig, um Klarheit und Ordnung zu schaffen. Grundsätzlich haben alle Kirchensteuergesetze das gemein, daß kirchensteuerpflichtig nur der Angehörige der betreffenden Konfession ist. Da eine Genossenschaft als solche keine Konfession hat, ist eine Genossenschaft darum auch nicht kirchensteuerpflichtig, selbst wenn die Genossenschaft nur Protestanten oder nur Katholiken aufnimmt. Die Kirchengesetze haben aber aufrecht erhalten alte Verordnungen und

---

[1]) Erl. vom 12. September 1896 MBl. d. J. 1896, S. 189.

alte Auseinandersetzungsverträge und ähnliche besondere Verpflichtungen, wie ich das eben bei der Schulsteuer erwähnt habe. So kann es also auch heute noch einer Genossenschaft passieren, daß sie als Rechtsnachfolgerin in das Eigentum eines so belasteten Grundstücks, Kirchensteuer zahlen muß.

Damit haben wir das ganze Steuergebiet erledigt und wollen nun noch das

Stempelwesen

der gemeinnützigen Baugenossenschaften einer näheren Betrachtung unterziehen. Stempelabgaben werden nur erhoben vom Reich und vom Staate. Die Gemeinden besitzen heute noch kein Stempelrecht.

Bislang war das

Reichsstempelgesetz

für die Baugenossenschaften nicht von großer Bedeutung. Die Gesetze zur finanziellen Deckung der Heeresverstärkung vom 3. Juli 1913 haben aber auch das Reichsstempelrecht erweitert. Dadurch sind eine ganze Reihe von Stempeln, die früher preußisch waren und infolge der später zu besprechenden preußischen Befreiungsvorschrift die Baugenossenschaften nicht belasten, Reichsstempel geworden. Das Reichsstempelgesetz in seiner heute gültigen Fassung vom 2. August 1913 enthält keine allgemeine Befreiungsvorschrift, welche dem § 5g des preußischen Stempelsteuergesetzes entspricht, wonach gemeinnützige Baugenossenschaften von allen preußischen Stempeln mit ganz geringen Ausnahmen befreit sind. Das Reich hat diese Verhältnisse anders geregelt. Es hat bei jeder Tarifstelle, wo Stempelbefreiungen geboten erschienen, dies besonders gesagt. Eine allgemeine Vorschrift gibt es für Reichsstempel nicht. Wir sind darum gezwungen, die Tarifstellen, welche für Baugenossenschaften in Frage kommen, einzeln nachzuprüfen und uns zu unterrichten, was dort etwa an Befreiungsmöglichkeiten gegeben ist.

Zu den Stempeln, die aus preußischen zu Reichsstempeln geworden sind, gehören vor allen Dingen (Tarifstelle 1A) der Errichtungsstempel bei Gründung einer Baugenossenschaft, ferner der Stempel für Beitrittserklärungen zu einer solchen, sowie der Stempel wegen Einlageerhöhungen. Der Errichtungsstempel ist an sich von allen Genossenschaften zu zahlen, desgleichen der

Stempel für die Erhöhung von Geschäftsanteilen. Beitrittserklärungen werden nur bei Genossenschaften verstempelt, deren Verkehr über den Kreis der Mitglieder hinausgeht. Wir brauchen uns aber mit den drei genannten Stempeln nicht näher zu befassen, da es hier eine Befreiungsvorschrift für gemeinnützige Baugenossenschaften gibt. In Tarifstelle 1 A heißt es nämlich, daß Baugenossenschaften von allen diesen Stempeln befreit sind, „wenn nach der Entscheidung des Bundesrats ihr Zweck ausschließlich gemeinnützig ist und wesentlich der Förderung der minderbemittelten Volksklassen dient, der Reingewinn satzungsmäßig auf eine höchstens vierprozentige Verzinsung der Kapitaleinlagen beschränkt, auch bei Auslosungen, Ausscheiden eines Gesellschafters oder für den Fall der Auflösung einer Gesellschaft nicht mehr als der Nennwert des Anteils zugesichert und bei der Auflösung der etwaige Rest des Gesellschaftsvermögens für gemeinnützige Zwecke bestimmt ist. Der Bundesrat ist ermächtigt, die Befreiung auch dann zu bewilligen, wenn die Gesellschaft eine höchstens fünfprozentige Verzinsung der Kapitaleinlagen gewährt." Sie haben hier also die gleichen Bestimmungen, welche wir vorhin als Befreiungsvoraussetzungen bei dem Zuwachssteuergesetz kennen gelernt haben. Ich kann mich infolgedessen wegen der Auslegung der Befreiungsbestimmungen des Stempelgesetzes auf das beziehen, was ich bei Behandlung des Zuwachssteuergesetzes ausgeführt habe. Selbstverständlich liegt seit der kurzen Zeit des Bestehens der neuen Reichssteuern noch keinerlei Rechtsprechung darüber vor. Es ist aber wohl zu erwarten, daß die Verwaltungs- und Gerichtsbehörden sich auf den gleichen Standpunkt stellen werden, den sie bei Auslegung der fast gleichlautenden Befreiungsvorschriften des Zuwachssteuergesetzes und des preußischen Stempelsteuergesetzes eingenommen haben. So ist besonders zu erwarten, daß die Spargeldannahme einer Baugenossenschaft ebensowenig verhindern wird, ihren Zweck für ausschließlich gemeinnützig zu erklären. Auch das Vermieten von Genossenschaftswohnungen oder Läden an Nichtmitglieder wird die Stempelfreiheit einer Genossenschaft so lange nicht ausschließen, als es sich auch bei den Nichtmitgliedern um Minderbemittelte handelt oder soweit dies nur zur Vermeidung von Mietsausfällen oder zur besseren Erfüllung des gemeinnützigen Zweckes der Genossenschaft geschieht, eine auf Gewerbsmäßigkeit und Gewinn gerichtete Absicht also fehlt. Was unter der Förderung minderbemittelter Volksklassen zu verstehen ist, habe ich ebenfalls vorhin schon dargelegt. Man kann also sagen, daß Baugenossenschaften, die auf Grund ihrer Satzung in Preußen Stempelfreiheit genießen und deren tatsächliche Geschäftsführung sich in den Grenzen der satzungsmäßigen Bestimmungen hält, auch von den Reichsstempeln der Tarifstelle 1 A befreit werden. Der einzige Unterschied liegt nur darin, daß während in Preußen die Befreiung auf Grund des Wortlautes der Satzung von selbst eintritt, für das Reich ein besonderer Bundesratsbeschluß die stempelbefreiende Gemeinnützigkeit einer Baugenossenschaft anerkennen muß. Die Stempelfreiheit einer Baugenossenschaft, kann von dem Bundesrat auch nicht allgemein für die stempelpflichtigen Rechtsvorgänge der Tarifstelle 1 ausgesprochen werden, sondern sie ist in jedem einzelnen Falle von der Genossenschaft besonders nachzusuchen.

Die näheren Bestimmungen über die Herbeiführung der Stempelbefreiung finden sich in den Ausführungsbestimmungen des Bundesrats vom 13. Juli 1913 (A. B.), in den Preußischen Ausführungsvorschriften vom 22. September 1913 (A. V.) und in der Allgemeinen Verfügung des Justiz- und Finanzministers vom 22. September 1913 (M. V.). Danach liegt bei stempelpflichtigen Urkunden, die vor einem Notar oder einer Behörde errichtet sind, diesen die einleitenden Schritte zur Herbeiführung der Verstempelung beziehungsweise Befreiung ob (RStG. § 3). Dies interessiert hier nicht näher. Nicht von Behörden oder Beamten aufgenommene Urkunden, also z. B. die erste Satzung einer Genossenschaft, der Beschluß über die Erhöhung der Geschäftsanteile oder die Beitrittserklärung zu einer Genossenschaft, die Geschäftsverkehr mit Nichtmitgliedern unterhält, sind von dem Vorstande binnen zwei Wochen nach Ausstellung der Urkunde der örtlichen Steuerstelle in Urschrift oder beglaubigter Abschrift vorzulegen. Beizufügen ist eine schriftliche Anmeldung, welche den wesentlichen Inhalt der Urkunde enthält. Dieser Anmeldung bedarf es nicht, wenn der vorgelegten Urkunde eine zum Verbleib bei der Steuerstelle bestimmte Abschrift beigefügt wird (A. B. § 5, 2; A. V. Ziff. 6, 2). Bei Beitrittserklärungen ist außerdem noch eine Abschrift des bei dem Gericht gestellten Eintragungsantrages anzufügen (A. B. § 5, 3). Gleichzeitig hat der Vorstand durch Vermittelung der gleichen Steuerstelle, an die für den Genossenschaftssitz zuständige „Direktivbehörde“ einen Stempelbefreiungsantrag unter Nachweis der erforderlichen Voraussetzungen zu richten (A. B. § 14). Als Direktivbehörde gelten in Preußen die Oberzolldirektionen (A. B. Ziff. 3; M. B. § 9). Zum Nachweis der Befreiungsvoraussetzungen dürfte in der Regel die Vorlage der Satzung genügen, die in Urschrift, Ausfertigung oder beglaubigter Abschrift zu erfolgen hat (A. B. Ziff. 12). Hält die Oberzolldirektion die ausschließliche Gemeinnützigkeit der Genossenschaft für gegeben, so reicht sie deren Antrag mit ihrem befürwortenden Gutachten durch Vermittelung des Finanzministers an den Bundesrat weiter. Andernfalls teilt sie der Genossenschaft die Bedenken mit, welche nach ihrer Ansicht einer Befreiung im Wege stehen. Nur wenn trotzdem die Genossenschaft auf der Herbeiführung eines Bundesratsbeschlusses beharrt, ist die Oberzolldirektion zur Weitergabe des Antrages mit ihrem ungünstigen Gutachten verpflichtet. Die Bescheinigung über die vom Bundesrat anerkannte Steuerfreiheit erteilt auf Grund der Benachrichtigung der Oberzolldirektion das Stempelsteueramt (A. B. Ziff. 12), indem es auf der Urkunde, die zu dem Befreiungsantrage Anlaß gegeben hat, die Stempelfreiheit bescheinigt (A. B. § 14, 3 und 4).

Neben dem eben geschilderten regelmäßigen Wege kann ausnahmsweise der Befreiungsantrag auch durch die Gerichtsbehörden erledigt werden. Wenn nämlich dem Registerrichter mit einem Eintragungsantrage stempelpflichtige Urkunden vorgelegt werden (erste Satzung, Beitrittserklärung), ohne daß diese vorschriftsmäßig verstempelt oder mit einer Befreiungsbescheinigung versehen sind, so hat das Registergericht die Stempelgebühren mit den Gerichtskosten einzuziehen (M. B. § 4c). Veranlaßt diese Stempeleinziehung einen Befreiungsantrag, so erleidet das oben geschilderte Befreiungsverfahren insoweit eine Änderung, als der zuständige Landgerichtspräsident an die Stelle der Oberzolldirektion tritt (M. B. § 9).

Aus dem Gesagten geht schon hervor, daß grundsätzlich bei jedem steuerpflichtigen Falle erneut um Stempelbefreiung eingekommen werden muß. Das ergibt sich auch aus A. B. § 14, 6, wonach es bei Kapitalserhöhungen keiner wiederholten Einholung der Bundesratsentscheidung bedarf, wenn dieser bereits einmal das Vorliegen der Befreiungsvoraussetzungen anerkannt hat und seitdem keine oder nur solche Satzungsänderungen stattgefunden haben, die nach dem Ermessen der Oberzolldirektion auf die Befreiungsvoraussetzungen einflußlos sind. In anderen Fällen ist also jedesmal erneut die Befreiung nachzusuchen. Diese Bestimmung bringt für Genossenschaften, deren Geschäftsverkehr über den Mitgliederkreis hinausgeht, und die einen regen Mitgliederzuwachs zu verzeichnen haben, fraglos viel Unbequemlichkeiten mit sich, da diese entweder die Beitrittserklärungen ihrer Mitglieder sammeln oder bei jedem Eintragungsantrag besonders um Befreiung einkommen müssen. Hoffentlich entschließen sich die Steuerbehörden, durch eine ähnliche Bestimmung, wie sie bereits für Kapitalserhöhungen getroffen ist, das Verfahren zu vereinfachen.

Der Stempel für die Abtretung von Geschäftsguthaben (Tarifstelle 1 Ae) hat durch seine Umwandlung in eine Reichsabgabe der Höhe nach keine Veränderung erfahren. Er beträgt wie bisher in Preußen $^1/_{20}$ vom Hundert des Wertes der Gegenleistung bzw. des Geschäftsguthabens; ebenso sind Abtretungen an Abkömmlinge und Ehegatten auch fernerhin wie früher in Preußen stempelfrei.

Übrigens ist der Abtretungsstempel nicht von der Genossenschaft selbst, sondern von den Mitgliedern zu entrichten, zwischen welchen die Abtretung stattfindet (§ 2).

Wir kommen nun zu einem Stempel, der ein außerordentlich wechselreiches Geschick gehabt hat, nämlich zu dem Stempel aus Tarifstelle 11 für Grundstücksübertragungen. Dieser Stempel ist zu erheben bei Beurkundung von Übertragung vom Eigentum inländischer Grundstücke durch Kauf, Tausch, entgeltliche Veräußerungsverträge oder bei Abtretung der Rechte aus einem Meistgebot. Der Stempel beträgt nach dem Reichsstempelgesetz $^1/_3$ des Kaufpreises bzw. des Wertes der in Tausch gegebenen Gegenstände. Gleichzeitig als dieser Stempel im Reichsstempelgesetz vom 15. Juli 1909 eingeführt wurde, ordnete § 90 dieses Gesetzes an, daß bis zum Erlasse eines Zuwachssteuergesetzes zu dem genannten Stempel ein Zuschlag von 100 %, insgesamt also $^2/_3$ % erhoben werden sollten. Als das Zuwachssteuergesetz aber erging, hielt dieses wegen der Finanznot des Reiches in § 69 den Zuschlag aufrecht mit der Einschränkung, daß nach dem 30. Juni 1914 der Steuersatz von drei zu drei Jahren einer Nachprüfung unterzogen werden solle. Im Gesetz über die Änderung im Finanzwesen vom 3. Juli 1913 trat dann eine weitere Verlängerung des erhöhten Stempelsatzes in der Weise ein, daß der Zuschlag bis zum Ende des Rechnungsjahres 1916 aufrecht erhalten wurde. Es hatte dies seinen Grund darin, daß sich ein Ersatz für den Verzicht des Reiches auf den Zuwachssteueranteil nicht fand. Danach müssen bis zum 31. März 1917 $^2/_3$ % Reichsstempel für Grundstücksübertragungen gezahlt werden. Nun gibt es in Tarifstelle 11 ebenfalls Befreiungsvorschriften, auf die anfangs auch in Baugenossenschaftskreisen mancherlei Hoffnung gesetzt wurde. Die eine ist unzweifelhaft anwendbar, kommt aber wohl nur selten vor. Das ist die Stempelbefreiung bei Eigentumsübertragungen, der sich die Beteiligten aus Gründen des öffentlichen Wohles unterwerfen müssen, kurz ausgedrückt im Falle von Grundstücksenteignungen. Dann ist noch ein weiterer Befreiungsfall vorgesehen. Wenn der stempelpflichtige Betrag bei bebauten Grundstücken 2000 M., bei unbebauten Grundstücken 5000 M. nicht überschreitet und gleichzeitig weder der Erwerber noch sein Ehegatte im letzten Jahre ein Einkommen von mehr als 2000 M. gehabt haben, noch einer von ihnen den Grundstückshandel erwerbsmäßig betreibt, ist auf Antrag der Grundstückserwerber vom Stempel befreit. Ich sagte schon, daß man anfangs hoffte, aus dieser Vorschrift eine Befreiungsmöglichkeit für die Baugenossenschaften herauslesen zu können. Schon nach der alten Fassung dieser Bestimmung war dies zweifelhaft und tatsächlich haben die Gerichte übereinstimmend dahin entschieden, daß diese Befreiungsvorschrift überhaupt nur auf natürliche und nicht auf juristische Personen Anwendung finden könne. Wenn man die Entstehungsgeschichte des Gesetzes kennt, weiß man, daß diese Auslegung unbedingt richtig ist. Es ist bei der Beratung dieses Gesetzes in der Volksvertretung hervorgehoben worden, daß man den kleinen Bauern oder Arbeitern, die sich ein Anwesen zu kaufen wünschen, diese Stempelbefreiung gewähren wolle. Dagegen bestand nicht die Absicht, auch juristischen Personen die Vorteile dieser Befreiungsvorschrift zuzubilligen. Aller Zweifel ist aber durch die Neufassung dieser Bestimmung anläßlich der Erweiterung des Stempelgesetzes geschwunden. Abgesehen von der Enteignung haben Baugenossenschaften daher den Grundstücksstempel in allen Fällen zu zahlen.

Stempelpflichtig sind der Stempelbehörde gegenüber alle an dem Grundstücksübertragungsgeschäfte Beteiligten als Gesamtschuldner. Einerlei, ob eine Baugenossenschaft ein Grundstück kauft oder verkauft, kann von ihr der Stempel ganz oder teilweise eingefordert werden.

Unter den Parteien hat aber beim Fehlen besonderer Vereinbarungen nach § 449 BGB. der Käufer den Stempel zu tragen.

Sollte der Vorstand in irgendwelcher Weise seinen Verpflichtungen nicht nachkommen, also z. B. falsche Kaufpreise benennen oder durch Schiebungen die Höhe des Kaufpreises zu verschleiern suchen, dann würde neben den schuldigen Vorstandsmitgliedern auch die Genossenschaft selbst zu den unter Umständen sehr hohen Geldstrafen herangezogen werden können (§ 92). Die Genossenschaft könnte dann aber auf die schuldigen Vorstandsmitglieder zurückgreifen.

Ein Stempel, der die Baugenossenschaft nur ganz ausnahmsweise treffen wird und dann letzten Endes von deren Mitgliedern zu tragen wäre, ist der Scheck- und Quittungsstempel (Tarifstelle 10). Als vor drei Jahren eine Heeresvermehrung eintrat, wurde der Scheckstempel eingeführt. Zur Verhütung der Umgehung dieses Stempels erfolgte gleichzeitig die Einführung des Quittungsstempels. Dieser ist in der Höhe von 10 Pfennig für jede Quittung zu entrichten, welche ausgestellt wird über eine Abhebung von dem Konto bei einer Bank oder bei bankähnlichen Instituten, die fremde Gelder annehmen und verzinslich ausleihen. Soweit eine Baugenossenschaft Spargelder annimmt, könnte für die Quittung über deren Abhebung der Stempel eingefordert werden. Nun gibt es aber einen Erlaß des Finanzministers[1]), wonach dieser Stempel nicht zu entrichten ist, wenn über die Spareinlagen nur durch Barabhebung und nicht durch Überweisung, Scheck usw. verfügt werden kann, und wenn gleichzeitig bei der Barabhebung stets die Vorlage des Sparbuches und eine Quittung in diesem erforderlich ist. Den gleichen Standpunkt vertritt der Bundesrat in seinem Beschluß über die Auslegungsgrundsätze für das Reichsstempelgesetz[2]). Bei Baugenossenschaften werden diese drei Voraussetzungen wohl in der Regel vorhanden sein. Dann brauchen ihre Einleger den Quittungsstempel nicht zu entrichten. Übrigens soll dieser Scheck- und Quittungsstempel mit dem 31. Dezember 1916 fortfallen (Gesetz über Änderung im Finanzwesen vom 3. Juli 1913 § 3).

Eine wesentliche Neubelastung bringt dagegen die Übernahme des Versicherungsstempels auf das Reich den gemeinnützigen Baugenossenschaften (Reichsstempelgesetz Tarifstelle 12 A). Denn

---

[1]) Erlaß vom 14. Februar 1910 III 2722.

[2]) VIII 1 Abs. 2 des Bundesratsbeschlusses.

während diese in Preußen infolge der allgemeinen Befreiungsvorschrift bisher auch für den Abschluß von Versicherungen keinen Stempel zu zahlen brauchten, unterliegen sie dem neuen Reichsstempel in vollem Umfange. Dieser wird erhoben bei Feuer-, Einbruchs-, Diebstahl-, Glas-, Transport- und Lebensversicherungen, nicht dagegen bei Unfall- und Haftpflichtversicherungen, was für Genossenschaften, die selbst Häuser als Bauunternehmer aufführen, wichtig ist, und ebensowenig bei Versicherungen auf Grund der Reichsversicherungsordnung. Stempelpflichtig ist aber nicht mehr wie früher in Preußen der Abschluß der Versicherung, der Police, sondern vielmehr die Beurkundung über die Zahlung des Entgelts für die Übernahme von Versicherungen, d. h. also jede Prämienzahlung ist besonders zu verstempeln.

Für die Baugenossenschaften als solche ist wohl allein die Feuerversicherung von größerer Bedeutung. Die Stempelsätze betragen bei Versicherung unbeweglicher Gegenstände, wenn die Versicherung auf ein Jahr oder länger abgeschlossen ist, für jedes Jahr $^1/_{20}$ vom Tausend der Versicherungssumme (5 Pf. für je 1000 M.), bei Versicherungen von kürzerer Dauer $^1/_{200}$ vom Tausend der Versicherungssumme für jeden Monat (5 Pf. für je 10000 M.). Angefangene Jahre bzw. Monate werden als volle gerechnet. Da, wie schon gesagt, die Prämienquittung verstempelt wird, und die Prämienzahlung nicht immer gerade für das Stempelsteuerjahr erfolgt, so bestimmt das Gesetz, daß die Abgabe für den Zeitraum zu berechnen ist, auf den die Prämienzahlung sich bezieht. Wird also der Feuerversicherungsbeitrag z. B. für zwei Jahre im voraus bezahlt, so ist die Quittung hierüber mit dem doppelten Jahresbetrage zu verstempeln. Wenn Sie demnach für zwei Jahre voraus 60 M. Prämien zu zahlen haben, so ist die Prämienquittung mit dem doppelten Stempel für je 30 M. zu verstempeln.

Schuldner des Stempels ist der Versicherungsnehmer, d. h. z. B. die versicherte Baugenossenschaft. Diese braucht sich aber in der Regel nicht um die Stempelzahlung zu kümmern, vielmehr hat der Versicherer (Versicherungsgesellschaft) allmonatlich der Steuerbehörde von den an sie erfolgten Prämienzahlungen durch Vorlage eines Verzeichnisses Mitteilung zu machen und die Stempelabgabe zu Lasten des Versicherten zu zahlen. Von diesem zieht sie die verauslagten Stempel ein. Nur wenn sich eine Baugenossenschaft bei einer ausländischen Gesellschaft versichert hat, die im Inlande weder einen Wohnsitz noch einen zur Entgegennahme von Zahlungen bevollmächtigten Vertreter hat, muß der Vorstand selbst der örtlichen Steuerbehörde von jeder Prämienzahlung innerhalb 14 Tagen Anzeige erstatten (§§ 100ff. RStG.). Ich glaube aber, daß eine solide Baugenossenschaft nur eine Versicherung bei einer Gesellschaft aufnimmt, welche in Deutschland ihren Sitz oder doch mindestens eine Vertretung hat, so daß die Anmeldepflicht praktisch für sie nicht in Frage kommen dürfte.

Damit hätten wir auch die für Baugenossenschaften wichtigen Reichsstempel erledigt, so daß wir nur noch die

preußischen Stempelsteuervorschriften

zu betrachten haben. Das preußische Stempelsteuergesetz in der Fassung vom 30. Juni 1909 bestimmt in § 5g ganz allgemein, daß alle Baugenossenschaften von der Entrichtung der Stempelabgaben befreit sind, deren „statutarischer Zweck ausschließlich darauf gerichtet ist, minderbemittelten Familien oder Personen gesunde und zweckmäßig eingerichtete Wohnungen in eigens erbauten oder angekauften Häusern zu billigen Preisen zu verschaffen und deren Statut die Dividende auf höchstens 4 % der Geschäftsanteile beschränkt sowie bestimmt, daß bei Auflösung der Genossenschaft den Mitgliedern nur der Nennwert ihrer Anteile herausgezahlt werden darf, während der Rest nur zu gemeinnützigen Zwecken zu verwenden ist". Einzige Befreiungsvoraussetzung bildet also, daß in der Satzung alle die angeführten Bestimmungen enthalten sind. Dann tritt die Befreiung ganz von selbst ein, ohne daß noch erst, wie wir das vorhin bereits bei den reichsrechtlichen Befreiungsvorschriften sahen, eine behördliche Prüfung der Gemeinnützigkeit stattzufinden hat [1]). Ob eine solche Genossenschaft nur an Mitglieder oder auch an Nichtmitglieder Wohnungen und Häuser abgibt, ist für die Stempelfreiheit einflußlos, solange auch die Nichtmitglieder zu den Minderbemittelten gehören. Dagegen war früher bestritten, ob eine Genossenschaft auch dann ausschließlich billige Wohnungsbeschaffung bezwecke, wenn ihre Satzung daneben auch noch andere Zwecke aufführe, wie z. B. die Annahme von Spareinlagen oder die Beschaffung von Wohnräumen in angemieteten

---

[1]) OVG. i. PrVBl. Jahrg. 34, S. 318.

Häusern. Diese Frage ist durch allgemeine Verfügung des Finanzministers v. 19. April 1900 (Z. Bl. S. 223) dahin entschieden worden, daß es genüge, wenn der Hauptzweck einer Baugenossenschaft auf die Bereitstellung preiswerter Wohnungen gerichtet sei. Nebenzwecke, die, wie der Sparverkehr[1]), auch diesem Hauptzweck zu dienen bestimmt sind, schließen die Stempelbefreiung nicht aus. Was unter der Fürsorge für Minderbemittelte zu verstehen ist und welche Vereinbarung über diesen Punkt zwischen dem Reich und Preußen getroffen worden ist, habe ich bereits bei Besprechung der Befreiungsvorschriften des Zuwachssteuergesetzes ausführlich besprochen, kann mich also hier darauf beziehen. Ebenso verweise ich auf das dort über den Umstand Gesagte, daß in Preußen nur der Wortlaut der Satzung und nicht die tatsächliche Geschäftsführung für die Steuerfreiheit entscheidend ist.

Beteiligt sich eine Baugenossenschaft, die Stempelfreiheit genießt, an einem stempelpflichtigen Rechtsgeschäft, so wird für dieses nur der halbe Stempel erhoben (§ 5 Abs. 6). Auch haften solche Baugenossenschaften bei zweiseitigen Rechtsgeschäften nicht wie sonst alle Geschäftsbeteiligten für den Eingang der Stempelabgaben, welche die anderen Beteiligten zu entrichten haben. Nicht dagegen sind die befreiten Genossenschaften befugt, ihre Stempelbefreiung bei zweiseitigen Verträgen dem anderen Vertragsteile einzuräumen (§ 5 Abs. 5). Dies ist besonders zu beachten. Denn es kommt häufig vor, daß die Genossenschaften bei Vertragsabschlüssen den ganzen Stempel übernehmen, weil sie glauben, daß dann wegen ihrer Stempelfreiheit überhaupt kein Stempel erhoben werden könne. Diese Ansicht ist aber, wie gesagt, grundfalsch. Der Stempelanspruch stellt eben eine öffentlichrechtliche Verbindlichkeit dar und darum kann über ihn nicht durch private Rechtsabmachungen verfügt werden. Wenn Sie also unvorsichtigerweise verträglich die Stempellast übernehmen, so zieht der Fiskus trotzdem von dem anderen Vertragsteile die Hälfte des gesetzlichen Stempels ein. Diesem haben Sie dann wegen Ihrer vertraglichen Bindung die Stempelauslage zurückzuerstatten. Ich möchte Sie daher dringend vor solchen unüberlegten Vertragsabmachungen warnen.

Sollte eine Baugenossenschaft eine Satzungsänderung vornehmen, die sie aus einer stempelfreien zu einer stempelpflichtigen macht, so

---

[1]) OVG. i. PrVBl. Jahrg. 26, S. 217.

kann die Stempelbehörde die Stempelabgaben nicht nur für die Zukunft erheben, sondern diese auch für alle stempelpflichtigen Vorgänge nachfordern, an welchen die Genossenschaft innerhalb der letzten zwei Jahre vor ihrer Satzungsänderung beteiligt war (§ 5g).

Von der allgemeinen Befreiungsvorschrift gibt es nur eine einzige Ausnahme, das ist nämlich der Miet- und Pachtstempel nach Tarifstelle 48. Jeder mündlich oder schriftlich abgeschlossene Miet- oder Pachtvertrag ist stempelpflichtig, wenn die Jahresmiete oder die Jahrespacht mehr als 350 Mark beträgt. Heute ist für solche Verträge in jedem Jahre und nicht mehr wie früher nur einmal bei Vertragsabschluß ein Stempel zu entrichten. Seine Erhebung erfolgt in einer ähnlichen Form, wie ich dies vorhin bei dem Reichsversicherungsstempel geschildert habe. Der Vermieter muß nämlich im Januar eines jeden Jahres dem Steueramte ein Verzeichnis vorlegen, in welchem sämtliche Mietverträge, die im abgelaufenen Jahre in Geltung waren, aufgeführt und die betreffenden Mietpreise angegeben sind. Auf Grund dieses Verzeichnisses hat der Vermieter den Stempel zu zahlen. Dieses Mietverzeichnis haben nun auch die Baugenossenschaften, obwohl sie sonst in Preußen mit Stempelangelegenheiten überhaupt nichts zu tun haben, der Steuerbehörde vorzulegen und den fälligen Stempel zu entrichten. Da die Genossenschaft aber doch stempelfrei ist, wird von ihren Mietverträgen entsprechend dem vorher Gesagten nicht der ganze Stempel, sondern nur dessen Hälfte erhoben. Dabei will ich erwähnen, daß für Räume, die zu gewerblichen oder beruflichen Zwecken bestimmt sind, stets nur die Hälfte des sonst vorgesehenen Stempels, bei Baugenossenschaften also nur ein Viertel zu entrichten ist. Erforderlich ist aber dazu, daß in dem Mietverzeichnis die fraglichen Räume ausdrücklich als solche aufgeführt werden.

Wie verhält es sich nun mit der Abwälzung des gezahlten Stempels, wer hat diesen letzten Endes zu tragen, der Vermieter oder der Mieter? Darüber ist man sich zwar noch nicht ganz einig. Die Rechtsprechung[1]) hat sich jetzt aber nach der Seite hingeneigt, daß der Mietstempel in den regelmäßigen Fällen von dem Mieter und dem Vermieter je zur Hälfte zu tragen ist, wo aber Baugenossenschaften als Vermieter beteiligt sind, also überhaupt nur der halbe Stempel erhoben wird, allein von den Mietern. Auch wenn in dem

[1]) RG. i. Z. Bd. 46, S. 243; Bl. f. GW. 1914, S. 340.

Mietvertrage über diesen Punkt nichts ausgemacht ist, hat die Baugenossenschaft demnach das Recht, den von ihr verauslagten Mietsstempel in seiner vollen Höhe von ihren Mietern einzuziehen.[1]) Eine andere Frage ist es natürlich, ob eine Genossenschaft das in allen Fällen tut; jedenfalls wäre es ratsam, dann einen entspechenden Hinweis in die Mietverträge aufzunehmen.

Insoweit die Genossenschaft stempelpflichtig ist, unterliegt sie auch der sog. Stempelrevision. Darunter versteht man die Befugnis der Stempelbehörden, von der Genossenschaft die Einsicht in deren Akten, Bücher und Schriften zu verlangen, um die Richtigkeit der Stempelentrichtung nachzuprüfen (§ 39). Sie müssen also dem Vorstand Ihres Steueramtes die Einsicht in Ihre Bücher gestatten, wenn er bei Ihnen erscheint, um die Richtigkeit Ihrer Mietverzeichnisse nachzuprüfen. Dagegen brauchten Sie Ihre Unterlagen nicht der Behörde nach deren Diensträumen zu bringen. Nur Ihre Mietverzeichnisse, die sie 5 Jahre aufbewahren müssen, haben Sie auf Verlangen dieser einzureichen.

Versäumt eine Genossenschaft die rechtzeitige Vorlage ihres Mietverzeichnisses oder macht sie in diesem unrichtige Eintragungen, so verwirkt sie dadurch hohe Stempelstrafen oder doch Ordnungsstrafen. Die Strafen werden dann gegen die Vorstandsmitglieder verhängt (§ 17 Abs. 7).

Damit habe ich Sie nun in gedrängter Form durch die verschlungenen, dornigen Pfade des Steuer- und Stempelrechtes für gemeinnützige Baugenossenschaften hindurchgeführt. Sie haben gesehen, daß die Gesetzgeber, die Gerichte und die obersten Verwaltungsbehörden es an Entgegenkommen für diese nicht haben fehlen lassen. Wenn trotzdem die unteren Behörden des öfteren ohne gesetzlichen Grund Baugenossenschaften zu Steuern oder Stempelabgaben heranziehen wollen, so liegt das weniger an dem schlechten Willen dieser Behörden als an den die Baugenossenschaften betreffenden verwickelten Rechtsverhältnissen, deren Beherrschung auch für die Unterbehörden nicht leicht ist. Umsomehr ist es daher Ihre Pflicht als Baugenossenschaftler, sich mit den einschlägigen Bestimmungen vertraut zu machen, um unnötige und kostspielige Besteuerungen und Verstempelungen zu vermeiden, welche die Verfolgung Ihrer schönen, gemeinnützigen Ziele unnötig erschweren würden.

---

[1]) RG.i.Z. Bd. 46, S. 293.

Druck von A. W. Hayn's Erben (Curt Gerber), Potsdam.

Kolibri 360 GmbH
Ferdinand-Jühlke-Straße 7
99095 Erfurt, Deutschland
produktsicherheit@kolibri360.de